Este libro es un regalo de:

_____

Para:

_____

Fecha:

_____

¿Por qué Dios tarda tanto?

Dorcas I. Crispín Cortés

Ediciones Eleos

Autora: Dorcas I. Crispín Cortés
Editor: Frank J. Ortiz Bello
Correctora: Marangelys Boria Medina

ISBN: 978-1-881741-79-4

Ediciones Eleos
Dorado, Puerto Rico

www.edicioneseleos.com

Dedicatoria

Deseo dedicar este libro a quien me dio la vida y antes de estar en el vientre de mi madre, ya me tenía en su agenda. A ti, mi Dios, por brindarme la oportunidad de la vida, trazar un camino, un propósito y una agenda para mí.

También deseo dedicarlo a mis amados padres: Carmen A. González Figueroa y Pablo S. Crispín Román. Por sembrar en mí el amor a Dios y por recibirme en sus vidas con amor. Los amo. Estoy orgullosa de ustedes.

Por último, a dos seres muy especiales que marcaron mi vida. Mis dos bellas y hermosas abuelas: Juana Figueroa, gracias por pedirme en petición y dedicarme a Dios en el mismo hospital en que nací; y a Ramona Román (abuela Moncha), gracias por tus consejos y por desear que se mantenga la familia unida, y el nombre de Dios sea invocado en todas nuestras reuniones. Por darnos ejemplo de lo que es ser un verdadero adorador y un ser humano excepcional. Gracias abuela Moncha por tu ejemplo. Dios también decidió enviarte a buscar, pero nos permitió tenerte hasta tus noventa y cuatro años. Gracias Dios por este hermoso regalo.

Agradecimientos

(de la primera edición)

A mi hermana en la fe, amiga y una de mis consejeras, Tomasa Figueroa Monserrate (la gran Lola), por darme el tema para un pensamiento el cual se ha convertido en este libro. Adelante siempre en el Señor. Eres especial, pequeña gigante.

A mis pastores, Rev. Gilberto F. Ventura y Exh. Paquita Monge, gracias por su dedicación, amistad y compañerismo ministerial. Por depositar su confianza en mí con su familia, en su ministerio pastoral, radial y personal. Dios los continúe bendiciendo. Les amo. Sigan caminando y llevando la Palabra con el poder, unción y autoridad de Dios como lo han hecho hasta el día de hoy.

A mi familia Crispín González (Dennis, Pablo A., Keyla, Ilka y Carlos Manuel) por apoyarme en todo lo que he emprendido en el nombre de Dios. En mi carrera profesional, personal y ministerial. Son especiales para mí.

A la iglesia que me vio crecer, desarrollar y caminar bajo el temor de mi Dios. Iglesia en la que aprendí, me aceptó como líder y que han visto el fruto de lo que Dios ha seguido haciendo en mi vida. Nueva Iglesia Sinaí de Asamblea de Iglesias Cristianas, Inc., ubicada en el Barrio Breñas de Vega Alta. Les amo.

Dios les siga bendiciendo y ensanchando el sitio de su tienda.

Contenido

Prólogo (de la primera edición)

Es maravilloso saber que nuestro Dios, Rey y Señor Jesús, en el aquí y ahora, se está moviendo con poder de muchas maneras, y una de ellas es a través de la mujer. Dios está restaurando hace tiempo a la mujer en el lugar que estableció para ella desde la fundación del mundo.

Fue un gran gozo, y regocijo el que sentí, cuando mi hermana Dorcas me habló de su proyecto. La conozco hace diecinueve años, cuando junto a mi esposo, el Rev. Gilberto F. Ventura, aceptamos el llamado de Dios a pastorear la Nueva Iglesia Sinaí, en Vega Alta, Puerto Rico, de la cual ella es miembro. Juntos, hemos visto el crecimiento y desarrollo de esta sierva de Dios, y fiel colaboradora del ministerio que Dios nos ha dado. ¡Te felicito, te has dejado pastorear!

Cuando leí el manuscrito de su libro *¿Por qué Dios tarda tanto?*, sentí cómo Dios ministraba a mi vida; a la misma vez, recordé el tema de un mensaje que el Señor me dio hace unos años: Tienes que esperar. Fue entonces que comenzaron a fluir en mi pensamiento, palabras como esperanza versus desesperanza, y paciencia versus impaciencia. Cuando Moisés le dio el mensaje al pueblo, ellos no querían oír nada más acerca de Dios y de sus promesas.

Algunas veces un mensaje claro de Dios, va seguido de un período en el que no hay ningún cambio aparente en la situación. Durante ese tiempo, los aparentes problemas, pueden hacer que la gente se aleje y no quiera escuchar nada acerca de Dios. Todos sabemos que las promesas de Dios se cumplieron al pie de la letra cuando los hebreos salieron de Egipto (Éxodo 6-12).

Sin embargo, la esperanza y la paciencia capacitaron a Abraham para convertirlo en el padre de la fe, y se unen para ser el elemento salvador de la vida (Romanos 8:24). La Escritura es la fuente de esa esperanza y paciencia (Proverbios 14:26), permanece para siempre (1 Corintios 13:13), alegra la hora de la muerte de los santos (Proverbios 14:32), asegura la inmortalidad (Hechos 24:15), es un tesoro celestial (Colosenses 1:5), anticipa la venida de Cristo (Tito 2:13), está fundamentada en la resurrección de

Cristo (1 Pedro 1:3) y es el ancla segura del alma (Hebreos 6:18-19).

¿Por qué Dios tarda tanto?, nos hará entender cuán importante es el fruto de la paciencia, sobre todo en aquellos que abrazamos la fe en nuestro Señor y Salvador. El salmista David lo entendió: "Pacientemente esperé a Jehová" (Salmos 40:1). El mundo corre como loco, la gente está de aquí para allá, de allá para acá; y nadie quiere esperar a Dios. Es exactamente lo que el mensaje de este libro quiere decirte.

Aunque a veces vivimos desesperados, angustiados, afligidos por tantas pruebas y dificultades, queramos o no, tendremos que esperar en Dios y asirnos de su Palabra "la paz os dejo mi paz os doy, no como el mundo la da". La paz del mundo es efímera. Israel fue esclavo, pero el tiempo de su liberación llegó. Luego, tuvo que esperar cuarenta años en el desierto para entrar a la tierra prometida.

¿Cuál es mi fuerza para esperar aún? ¿Y cuál mi fin para que tenga aún paciencia? Aunque él me matare, en él esperaré. Ciertamente ninguno de cuantos esperan en ti será confundido (Job 6:11 y 13:15; Salmos 25:3).

Pienso que algunas pruebas son el megáfono de Dios para los oídos sordos. El poeta dijo: "no me tienes que dar porque te quiera, pues aunque lo que espero no es espera, lo mismo que te quiero te quisiera". Fue eso lo que el Señor quiso enseñarles a Marta, María y a sus discípulos con la muerte de Lázaro. Jesús dijo: "Y me alegro por vosotros, de no haber estado allí, para que creáis; mas vamos a él" (Juan 11:15). Cuando Jesús llegó, hacía cuatro días que Lázaro estaba en el sepulcro, y Marta fue a recibirlo: "Señor, si hubieses estado aquí" (Juan 11:21). ¿No te suena familiar? ¿Por qué Dios tarda tanto? La espera produce salvación, dominio propio, gozo, justicia, fe, el oído de Dios se inclina (Salmos 40:1), recibimos lo prometido (Hechos 1:4 y 10:36) y Dios es ¡glorificado!

Cuando tenemos necesidad de ayuda extraordinaria, Jesús ofrecerá recursos extraordinarios. No debemos vacilar en pedirle ayuda. Cualquier prueba que deba enfrentar un creyente puede en última instancia glorificar a Dios, porque Él puede sacar cosas buenas de cualquier situación mala; entonces en vez de quejarnos o culparlo, es el momento oportuno para ¡honrarlo! Este libro nos enseña que el porqué y el tanto de las situaciones que atravesamos, es de nosotros; y yo añado, que el ¿para qué?, es de Dios. Él suplirá todas nuestras necesidades de acuerdo a sus planes y propósitos perfectos. Disfrutemos juntos estas enseñanzas a través de este libro. ¡Bendiciones!

Paquita Monge

Exhortadora, pastora y cantante de música sacra. Junto a su esposo, Rev. Gilberto Ventura, es fundadora del Ministerio AVAMIS INC., con una visión misionera, evangelística y de capacitación a pastores y líderes a nivel internacional.

¿Por qué Dios tarda tanto?

Dorcas I. Crispín Cortés

Ediciones Eleos

Introducción

¿Por qué Dios tarda tanto?, es una pregunta que todo creyente se ha hecho en algún momento de su vida, ya sea por tener una petición que no ha sido contestada por varios meses o años, o al estar pasando una prueba o situación adversa, una crisis económica. Asimismo, cuando un familiar, amigo o persona cercana a la que amamos, la vemos en una crisis, en una depresión, en alguna situación difícil, y pensamos que es demasiado por lo buena gente o especial que es para nosotros. Tu hogar se ha encontrado en un pozo sin agua y ya no se recibe el aire fresco para respirar y continuar hacia adelante. O simplemente, no has entendido el propósito maravilloso, y perfecto plan de Dios, para tu vida.

¿Por qué Dios tarda tanto?, es un libro en el que encontrarás respuestas a esta pregunta que te has estado haciendo por años. Descubrirás que hay un propósito de Dios para cada situación a la que te enfrentas día a día. Porque para los que aman a Dios,

todas las cosas les ayudan a bien, esto es a los que conforme a su propósito son llamados.

Dios desea que dependamos de Él

Capítulo 1

Dios desea que dependamos de Él

Mas buscad primeramente el reino de Dios y su justicia, y todas estas cosas os serán añadidas. (Mateo 6:33)

Cuando Jesús oró al Padre por sus discípulos, en el capítulo 17 del evangelio de Juan, se dirige al Padre pidiéndole que guarde a sus discípulos del mundo, reconociendo que les enviaba al mundo, pero que no pertenecían al mundo. Esta oración fue extendida a todos nosotros, los que creímos en la palabra escuchada sobre nuestro Dios.

El hecho de que tú y yo no pertenezcamos a esta tierra, nos convierte automáticamente en seres especiales que dependemos de nuestro origen para continuar viviendo. Tú y yo pertenecemos al reino celestial, donde mora nuestro Creador.

Dios conoce de lo que tú y yo tenemos necesidad para vivir en el mundo, en el cual Él nos ubicó, con el fin de mostrar su amor, su rostro y su misericordia.

En el libro de Mateo (capítulo 6) Jesús dice que no nos afanemos por lo que hemos de comer, o lo que habremos de beber; ni por nuestro cuerpo, qué habremos de vestir, que si Dios cuida y viste las aves de los cielos que no tejen ni hilan, cuánto más de nosotros, su perfecta creación. Su imagen y semejanza. (Porción parafraseada).

Así como cada especie tiene su alimentación y medio ambiente, en la que si se altera algún elemento se ven en peligro de extinción, así sucede con nosotros. Tenemos que buscar primeramente de arriba porque pertenecemos a arriba; pertenecemos al reino celestial. Jesús le sigue diciendo al Padre, en su oración por los discípulos, que no le pide que nos quite del mundo, sino que el mundo crea que Él le envió y somos uno en Él como el padre y Él —Jesús— son uno.

Por lo tanto, Dios tarda tanto para que entendamos que dependemos de Él, que no es con fuerzas carnales ni terrenales, sino con las fuerzas espirituales. La Palabra establece claramente en Efesios 6, que nuestra lucha se batalla con armas espirituales y vestidos con la armadura de Dios.

Otra respuesta para esta pregunta es porque Dios desea mostrarnos quién es Él y desea que le conozcamos como:

a. Jehová Jireh —Dios Proveedor— (Génesis 22:14) - No le conocemos si no pasamos necesidad. Si no pasamos momentos en que tengamos que mirar al cielo y pedir al Padre, que abra las ventanas de los cielos y derrame bendición hasta que sobreabunde.

b. Dios Sanador (Éxodo 15:26) - No le conocemos si no pasamos enfermedad. En la cruz del calvario Jesús llevó toda enfermedad sin importar cuán sencilla o complicada sea. Para Él no hay enfermedad grande ni pequeña.

c. Dios Libertador (Salmos 18:2) - No le conocemos si no nos sentimos presos, agobiados, oprimidos. Cuando sentimos que no tenemos fuerzas, que estamos encerrados y no podemos salir. El pueblo de Israel le conoció cuando Faraón le tenía oprimido, aún más cuando se encontraron frente al Jordán. Dios le muestra una vez más que es su Libertador y Salvador.

d. Dios Alfa y Omega (Apocalipsis 1:8) - No le podemos conocer si no entendemos que en Él están todas las cosas y todas las cosas por Él subsisten y fueron creadas.

e. Dios mi Estandarte (Éxodo 17:15) - No le conocemos si no entendemos que Él planta bandera en señal de pertenencia. Porque con su Espíritu hemos sido sellados y señalados como de su propiedad. Una vez creímos y le aceptamos como nuestro Salvador personal, somos sellados con su Espíritu Santo.

f. Dios Poderoso en Batalla (Éxodo 14:14; Salmos 24:8) - No le conocemos si no pasamos por luchas y no entendemos que Él es el Todopoderoso. Lo conocemos en medio de la prueba, cuando sentimos la lucha espiritual, la lucha en los aires;

cuando vemos situaciones adversas donde humanamente no hay solución. No existe ningún ejército que pueda vencerle.

g. Dios de Justicia (Hebreos 6:10) - No le conocemos hasta que pasamos momentos en los que vivimos injusticias. Cuando se presentan situaciones donde necesitamos que se haga justicia, y como el Salmista David dijo en su oración: "Prefiero ponerme en las manos de un Dios justo, que en manos del hombre". La justicia de Dios jamás se compara a la justicia terrenal. (Pasaje parafraseado).

h. Dios Eterno (Salmos 48:14) - Le conocemos cuando entendemos su señorío y grandeza. Cuando entendemos que luego de esta vida hay una vida eterna, y Él es desde la eternidad hasta la eternidad.

i. Dios de Paz (1 Corintios 14:33; 2 Corintios 13:11) - Le conocemos cuando pasamos momentos de angustia, desesperación, momentos de tormenta, de llanto, momentos de turbulencia y momentos de ansiedad. Momentos en que necesitamos consuelo y sosiego.

j. Dios de mi Salvación (Lucas 18:27; Isaías 43:3) - Cuando miramos al calvario y reconocemos a Jesús como nuestro Señor y Salvador de nuestras vidas. Cuando miramos a nuestro alrededor y vemos la situación existente, y podemos reconocer que en Él hay vida abundante, reposo y salvación.

¿Cuántas veces te sientes ahogado y te encierras por las crisis financieras y emocionales, crisis en tu trabajo, crisis entre la niñez, entre la juventud, entre los ancianos, entre las comunidades, entre los pueblos? Crisis sociales, culturales, políticas, aun religiosas; y nos olvidamos de quién nos hizo. Nos olvidamos de quién es Él, que Él nos dice en su Palabra: "Venid a mí todos los trabajados y cargados que yo les haré descansar". Él es el dueño de todo. Él es la fuente de vida y salvación. No tenemos por qué temer, porque Él es fiel a su Palabra.

Pablo, en su carta a los Filipenses, capítulo 4, versículo 19, dice: "Mi Dios pues suplirá todo lo que os falta". Él sabe de lo que tú y yo tenemos necesidad; por lo tanto, sólo tenemos que llamarle, pedirle y Él contestará conforme a sus riquezas en gloria y a nuestra necesidad. Él nunca llega antes, ni llega después; Él siempre llega a tiempo, en el momento oportuno. Él conoce y ve más allá de donde tú y yo vemos. Él ve lo que nos conviene y lo que no nos hará daño. ¡Señor, es que te estás tardando tanto! Él te dice: "Echa toda ansiedad sobre mí, porque yo tengo cuidado de ti". Dios desea que descansemos y confiemos en Él, entendiendo que dependemos de Él.

Todo tiene su tiempo y su hora

Capítulo 2

Todo tiene su tiempo y su hora

Todo tiene su tiempo, y todo lo que se quiere debajo del cielo tiene su hora. (Eclesiastés 3:1)

Dios ha diseñado al hombre para vivir en forma progresiva. Nada en la tierra comienza de arriba hacia abajo, sino de abajo hacia arriba. Por tal razón, hay unos procesos, unos pasos a seguir.

Cuando naciste, no comenzaste a caminar ni a correr si antes no gateaste. Como dice el apóstol Pablo: "No bebemos leche cuando podemos comer viandas". Es por ello que es necesario que tú y yo entendamos que el tiempo de Dios jamás será conforme o igual al nuestro. La Palabra establece en el libro de Eclesiastés (capítulo 3) que todo tiene su tiempo y su hora. Tiempo de nacer, tiempo de morir; tiempo de plantar, tiempo para desplantar lo plantado; tiempo de sembrar y tiempo de cosechar. Para todo hay un momento específico.

Para todo lo que desees hacer o tener, necesitas esperar, invertir y trabajar. A nadie le gusta esperar; sin embargo, aún para que tus ojos se abran, es necesario esperar que el cerebro envíe el mensaje a los párpados y pestañas para que puedan ser abiertos. Para levantarte en la mañana, tarde o noche, tienes que esperar que tus pies respondan afirmativamente al mensaje de tu cerebro para que se muevan, ya sea a la derecha o izquierda, para bajar de tu cama o lugar en que te encuentres. Para obtener un título de bachillerato, maestría o doctorado; necesitas invertir tiempo y dinero para cumplir satisfactoriamente con todo lo que requiere la profesión.

Para cantar, enseñar, predicar o exhortar; necesitas invertir tiempo, espacio, preparación para realizar la tarea eficientemente como para Dios y no para los hombres, como lo establece la Palabra en Colosenses 3:23.

Dios tarda tanto, porque el *crono* del hombre se convierte en el tiempo de preparación de Dios para el hombre, con el fin de realizar lo que Dios desea que el hombre realice. El *Khairo* de Dios, es el momento específico que Dios ha determinado para que el hombre realice lo que Dios ya ha establecido, destinado para esa realización; y es el tiempo perfecto y oportuno.

Así que podría decir que Dios tarda tanto porque en Él no hay tiempo ni sombra de variación. Lo que Él ha determinado hacer para tu vida, lo verás en el momento oportuno de Dios, porque todo tiene su tiempo y su hora.

Lecciones que aprender: Sus 3 E

Capítulo 3

Lecciones que aprender: Sus 3 E

Escoge (1 Corintios 1:27-29)

…sino que lo necio del mundo escogió Dios, para avergonzar a los sabios; y lo débil del mundo escogió Dios, para avergonzar a lo fuerte; y lo vil del mundo y lo menospreciado escogió Dios, y lo que no es, para deshacer lo que es, a fin de que nadie se jacte en su presencia.

Cuando Jesús escogió a sus discípulos, demostró que Dios no tiene acepción de personas (Hechos 10:34, 35; Romanos 2:11), sino que es un Dios de oportunidades. Jesús escogió pescadores, hombres de humildes oficios; pero también escogió hombres educados y de profesión, como el médico Lucas y Mateo. Así también a Judas, a quien le asignó trabajar con el dinero, sabiendo que le entregaría; pero también escogió a Tomás, quien tenía que ver para creer; un hombre que reflejó la situación actual de muchos.

Dios te escoge, te señala desde el vientre de tu madre, más aún, desde antes de la fundación del mundo; y se te hace difícil creer lo que ha determinado que serías. Como le dijo a Pedro: "Ya no serás más pescador de peces, te convertiré en pescador de hombres". Hasta hoy serás lo que pensaste que eras y lo que la gente acostumbró ver que eras. Hoy te convierto en lo que he determinado para ti.

A Jeremías le dijo: "No digas soy un niño porque dirás todo lo que te diga y harás todo lo que te envíe". No determines tú, quién tú eres, permíteme demostrar quién quiero que seas tú. Un hombre y una mujer de autoridad, de poder, de gallardía y valentía. Un hombre y una mujer que hablará verdad por fuerte que sea. No trates de limitar mi poder, porque yo soy la autoridad misma. No hay autoridad mayor a la mía. Harás todo lo que te diga.

Necesitas entender que el llamado es del cielo, y que no eres quien para dudar de quien Él escoge. La Palabra establece que Dios escoge al humilde, al menospreciado, a lo vil para avergonzar a los sabios. Escoge a lo que el hombre determina que no sirve, que no vale, que no puede. Dios se especializa en darle valor, a lo que el hombre y la mujer deciden que tiene poco o ningún valor; desconociendo que, ese nada o ese poco, viene a ser muchísimo en las manos de Él. Así es que, antes de juzgar o señalar con tus ojos físicos, pídele al Espíritu Santo de Dios que te muestre cuál es la voluntad del Padre para contigo, porque Él te escoge.

Enseña (Marcos 6:2)

Y llegado el día de reposo, comenzó a enseñar en la sinagoga; y muchos, oyéndole, se admiraban, y decían: ¿De dónde tiene este estas cosas? ¿Y qué sabiduría es esta que le es dada, y estos milagros que por sus manos son hechos?

Jesús, no envió a sus discípulos de dos en dos, sin antes darle a conocer cuál era el mensaje que llevarían. Sin enseñarles qué se encontrarían en el camino. Sin decirles cómo debían ir preparados y vestidos. Mucho menos, sin darles la forma correcta de proceder ante las diferentes situaciones a las que se presentarían.

La enseñanza que Jesús siempre brindó, y aún hoy día sigue brindando, es referente al reino de los cielos. Él desea que te mantengas firme creyendo a su Palabra; y como Él venció, desea que tú y yo celebremos la victoria que ya Él ha depositado en nuestras manos. Sus palabras jamás fueron huecas ni de vanas palabrerías, fueron palabras de sabiduría, y no de sabidurías humanas, sino de la sabiduría que procede del cielo.

Dios siempre usa los medios correctos para enseñar a su pueblo, sea por su Palabra, por parábolas, por sueños, revelación, por sus siervos, por los ángeles de la iglesia —pastores—, por los maestros —a quienes ha capacitado para la enseñanza—, aún a los niños en su inocencia.

Cuando los discípulos querían alejar a los niños, Jesús utilizó a los niños para darle una lección a sus discípulos y a todos los que estaban a su alrededor. Aun cuando Jonás no quería tener misericordia de Nínive, Dios utilizó una calabacera para enseñarle a Jonás, que si podía tener misericordia por un fruto que no había plantado, cómo no podía tener misericordia de todo un pueblo que necesitaba salvación.

Dios se vale de todo lo que esté a su disposición, para enseñarte y capacitarte para la realización de la tarea que ha determinado para ti. Por lo tanto, como dice la Escritura: "En esto conocerán todos que sois mis discípulos, si tuviereis amor los unos con los otros" (Juan 13:35). Todas las enseñanzas de Jesús están basadas en amor y misericordia. Tú y yo debemos amar, hacer justicia y tener misericordia. Dios desea transmitir esta enseñanza a tu vida, con el fin de realizar la tarea que ha puesto en tus manos, porque es Él quien enseña.

Envía (Éxodo 3:14)

> *Y respondió Dios a Moisés: YO SOY EL QUE SOY. Y dijo: Así dirás a los hijos de Israel: YO SOY me envió a vosotros.*

Cuando Dios envió a Moisés a presentarse a los hijos de Israel, Moisés le preguntó qué iba a responder cuando los hijos de Israel le preguntaran en nombre de quién él iba a ellos. Dios le respondió a Moisés: "Yo soy me envió a vosotros". Basta con decir Yo soy para que se reconozca el nombre, autoridad y potestad de nuestro Dios.

Una de las predicaciones más poderosa de las que Dios me ha dado, y que marcó mi vida de una manera maravillosa, fue titulada: "Es necesario que desarrolles tu embrión", basada en las palabras de David, en el libro de los Salmos 139:16 cuando dice: "Mi embrión vieron tus ojos, y en tu libro estaban escritas todas aquellas cosas que fueron luego formadas, sin faltar una de ellas". David reconoce la omnipresencia y omnisciencia de Dios. Desde antes de su cuerpo ser formado ya la mano poderosa de Dios había determinado quién sería David, qué haría David y cómo sería llamado David, "el hombre conforme al corazón de Dios".

Dios envía hombres no perfectos, no sabios. Hombres y mujeres dispuestos a hacer su voluntad, que como Moisés, reconocen que sin su presencia son nada. Que le digan: "Si tu presencia no ha de ir conmigo, no nos saques de aquí" (Éxodo 33:15).

Hombres y mujeres que reconocen el poderío de Dios sobre sus vidas. Que saben que todo lo que hacen y logran, y lo que han obtenido, ha sido porque se lo deben a Dios, pues toda la gloria le pertenece a Él. Hombres y mujeres que entienden su posición, que la posición que han obtenido no ha sido por reconocimiento propio; sino porque así Dios lo instituyó, estableció, predestinó y determinó.

Por tal razón, podemos contestar a la pregunta, que Dios tarda tanto porque es parte de su propósito y de su proceso para nuestras vidas. Que por su amor y misericordia utiliza vasos de barro para que la excelencia sea de Dios.

Tarda tanto para que entiendas y comprendas que Yo soy es quien envía. Que sí tiene propósitos para tu vida, sólo te resta obedecerle.

La misión es "...id antes a las ovejas perdidas de la casa de Israel. Y yendo, predicad, diciendo: El reino de los cielos se ha acercado. Sanad enfermos, limpiad leprosos, resucitad muertos, echad fuera demonios; de gracia recibisteis, dad de gracia. He aquí, yo os envío como a ovejas en medio de lobos; sed, pues, prudentes

como serpientes, y sencillos como palomas"
(Mateo 10:6-8, 16).

El momento de Dios comienza cuando entregas todo

Capítulo 4

El momento de Dios comienza cuando entregas todo

Entonces Jesús dijo a sus discípulos: Si alguno quiere venir en pos de mí, niéguese a sí mismo, y tome su cruz, y sígame. (Mateo 16:24)

El que no entrega todo en las manos de Dios, jamás podrá entender y comprender lo que Dios tiene determinado para su vida.

En cierta ocasión, unos hombres querían seguir a Jesús, y uno de ellos le dijo: "Señor, te seguiré adondequiera que vayas. Y le dijo Jesús: Las zorras tienen guaridas, y las aves de los cielos nidos; mas el Hijo del Hombre no tiene dónde recostar la cabeza. Y dijo a otro: Sígueme. Él le dijo: Señor, déjame que primero vaya y entierre a mi padre. Jesús le dijo: Deja que los muertos entierren a sus muertos; y tú ve, y anuncia el reino de Dios.

Entonces también dijo otro: Te seguiré, Señor; pero déjame que me despida primero de los que están en mi casa. Y Jesús le dijo: Ninguno que poniendo su mano en el arado mira hacia atrás, es apto para el reino de Dios" (Lucas 9:57-62).

Algo que caracteriza a Dios, es que es un Dios veraz, y que siempre habla a tu vida de una forma sincera y clara. Dios te escoge, te educa y te envía, pero siempre te dice cuál es su propósito. Una de las cosas que Dios te pide es que abandones todo en sus manos, que dependas totalmente de Él. Te da la encomienda de trabajar por Él y para Él, con el único fin de mostrar su poder y su gloria y que le des la gloria sólo a Él. "Yo Jehová; este es mi nombre; y a otro no daré mi gloria, ni mi alabanza a esculturas" (Isaías 42:8). Dios no comparte su gloria con nadie.

Dios desea que tú dejes a un lado todo aquello que pueda impedir que realices el trabajo que Él ha depositado en tus manos. En otras palabras, lo que Dios te dice es que dejes a un lado la timidez, el orgullo, los sueños, las metas, los deseos; que todos ellos pasen a un segundo lugar, a un segundo plano. Que rindas todo en sus manos, y Él se encargará de darte todo lo que te conviene.

No sólo debes estar dispuesto, sino disponible para la obra hermosa que desea hacer el Señor. "Yo Jehová te he llamado en justicia, y te sostendré por la mano; te guardaré y te pondré por pacto al pueblo, por luz de las naciones, para que abras los ojos de los ciegos, para que saques de la cárcel a los presos, y de casas de prisión a los que moran en tinieblas" (Isaías 42:6, 7).

¿Por qué Dios tarda tanto? Porque desea que te rindas a Él por completo; de todo corazón, alma, cuerpo y espíritu. Como dijo el autor del himno: Todo se lo debo a Él. Lo que somos, lo que tenemos, quienes somos, lo somos gracias a Él. Que practiques la adoración celestial como dice la Escritura en Apocalipsis 4:11: "Señor, digno eres de recibir la gloria y la honra y el poder; porque tú creaste todas las cosas, y por tu voluntad existen y fueron creadas". Todo se lo debes a Él.

Cuando entregas todo, Dios se encarga de demostrarte su gloria y darte de sus riquezas en gloria. La viuda de Sarepta, sólo tenía dos puñados de harina y un poco de aceite, pero cuando el profeta de Dios le dijo: Dame a mí primero y luego comerás tú y tu hijo, ella obedeció la voz de Dios a través del profeta. El aceite y la harina no faltaron en su casa.

Cuando el joven entregó sus cinco panes y dos peces —que era todo lo que tenía—, alimentó a una multitud de cinco mil hombres sin contar las mujeres y los niños. Tu todo jamás se comparará al todo de Dios.

¿Por qué Dios tarda tanto? Porque quiere que entendamos que en Él siempre hay más, y que Él es fiel y justo. Porque es necesario que entiendas su Palabra cuando te dice en Hebreos 11:6: "Pero sin fe es imposible agradar a Dios; porque es necesario que el que se acerca a Dios crea que le hay, y que es galardonador de los que le buscan". Tienes que entregar tu todo, creyendo que en Dios encontrarás todo lo que necesitas, porque el momento de Dios comienza cuando entregas todo.

El tanto es tuyo
y no de Dios

Capítulo 5

El taŋto es tuyo y ŋo de Dios

Yo soy el Alfa y la Omega, principio y fin, dice el Señor, el que es y que era y que ha de venir, el Todopoderoso. (Apocalipsis 1:8)

Dios está en tiempo presente en todo momento. La Biblia establece en Juan 1:1-4 que "en el principio era el Verbo, y el Verbo era con Dios, y el Verbo era Dios. Este era en el principio con Dios. Todas las cosas por él fueron hechas, y sin él nada de lo que ha sido hecho, fue hecho. En él estaba la vida, y la vida era la luz de los hombres".

Esto era refiriéndose a Jesús como Dios y a su divinidad. También en comparación contigo —hombre y mujer— y su naturaleza. Dios, desde el principio, y ustedes como sus criaturas, con un origen y tiempo determinado. Ustedes caminan en tiempo pasado, presente, futuro y en espacio. Dios no. Por lo tanto, hay que decir que Dios tarda tanto porque el tanto es tuyo y no de Dios. Él establece en su Palabra, en Apocalipsis 22:13: "Yo soy el Alfa y la Omega, el principio y el fin, el primero y el último". El que da inicio y final a todas las cosas. El que determina todas las cosas. Dios nunca dejará de ser quien es porque tú dudes. No desesperes, no te canses. Él seguirá siendo fiel a sus promesas, a sus palabras, a su propósito y plan para nuestras vidas.

Ya es hora de que entiendas que Dios siempre cumplirá su propósito, aunque tengas que ir sin un miembro de tu cuerpo al cielo. Dios siempre hará lo que tenga que hacer para salvarte.

En Dios no hay sombra de variación como tienes tú, que hoy eres y mañana no. Santiago, en su epístola universal dice: "Toda buena dádiva y todo don perfecto desciende de lo alto, del Padre de las luces, en el cual no hay mudanza, ni sombra de variación" (1:17). Reconociendo que Dios no se mueve en espacio, tiempo, ni circunstancia. Tú eres una criatura y Él es desde el principio hasta el final, por lo que el tanto es tuyo y no de Dios.

Conclusión

Conclusión

¿Por qué Dios tarda tanto?, no se limita a ser una pregunta que te haces como creyente. El preguntarte ¿por qué Dios tarda tanto?, a través de esta lectura se convierte en una pregunta de confrontación, donde tienes que detenerte a meditar en tu andar, en tu forma de ver la vida y en las situaciones a las que te enfrentas. En ver cómo estás creyéndole a la palabra que Dios te ha hablado.

¿Por qué Dios tarda tanto?, te deja saber que Dios es un Dios justo; de amor, de propósito; un Dios que no se limita a tiempo ni espacio porque siempre es; un Dios que escoge, enseña con el fin de prepararnos, capacitarnos y que te envía; un Dios que quiere ser reflejado en tu vida con el fin de recuperar al hombre que Él creó puro, santo, agradable y perfecto.

El pedirle a Dios que tome tu ser y tus pensamientos, te llevará a cambiar tu perspectiva y forma de ver la vida. Por tanto, cuando entregas todo, Dios te muestra lo que

Él desea hacer de ti y todo lo que es Él. Dios desea mostrarse a tu vida tal cual es. Por eso es necesario que entiendas que el Yo soy es más que la vida misma. El Yo soy es desde la eternidad hasta la eternidad. Tú eres el que vive en tiempo y espacio hasta el momento que Él ha establecido, y morarás en Él y con Él en gloria.

¿Por qué Dios tarda tanto?, ya no tiene la misma respuesta, ya no se hace con la misma intención ni intensidad que antes de leer este libro. Ahora, ante ella, existe la aplicación; se busca la revelación del Espíritu Santo para continuar caminando, creyendo que en Dios siempre hay respuesta. Siempre hay propósito, sólo tienes que esperar, porque cuando Él promete cumple, y como dice la Escritura en Habacuc 2:3: "Aunque la visión tardará aún por un tiempo, mas se apresura hacia el fin, y no mentirá; aunque tardare, espéralo, porque sin duda vendrá, no tardará". Amigo y hermano, sólo te resta esperar en Dios, porque Él cumplirá, y decir como dijo el salmista: "En tu mano están mis tiempos" (Salmos 31:15).

Amigo lector, si no has aceptado al Señor como tu Salvador personal, hoy Dios te hace una invitación para que abras tu corazón y te conviertas en su hijo, en su propiedad; en coheredero de Jesucristo. Hoy tienes la oportunidad de aceptarle. Tienes la oportunidad de entender el propósito de Dios para tu vida. Él desea que le entregues tu corazón. ¿Por qué Dios tarda tanto, si desde hace años dicen que viene y han pasado más de dos mil años y no acaba de llegar? Es entonces cuando debes entender que hoy es una nueva oportunidad que Dios te brinda para salvarte, y darte una nueva vida abundante y eterna. Hoy es el día de tu salvación.

Referencias bíblicas

Referencias bíblicas

Éxodo 6-12

Romanos 8:24

Proverbios 14:26

1 Corintios 13:13

Proverbios 14:32

Hechos 24:15

Colosenses 1:5

Tito 2:13

1 Pedro 1:3

Hebreos 6:18-19

Salmos 40:1

Isaías 2:9

Job 6:11

Job 13:5

Salmos 25:3

Juan 11:1-6

Juan 11:14, 15

Juan 11:43

Juan 12:2, 10

Salmos 40:1

Hechos 1:4

Hechos 10:36

Mateo 6:33

Juan 17

Génesis 22:14

Éxodo 15:26

Salmos 18:2

Apocalipsis 1:8

Éxodo 17:15

Éxodo 14:14

Salmos 24:8

Hebreos 6:10

Salmos 48:14

1 Corintios 14:33

2 Corintios 13:11

Lucas 18:27

Isaías 43:3

Eclesiastés 3:1

Colosenses 3:23

1 Corintios 1:27-29

Hechos 10:34-35

Romanos 2:11

Marcos 6:2

Juan 13:35

Salmos 139:16

Éxodo 33:15

Mateo 10:6-8, 17

Mateo 16:2

Lucas 9:57-62

Isaías 42:8

Isaías 43:6, 7

Apocalipsis 4:11

Hebreos 11:6

Apocalipsis 1:8

Juan 1:1-4

Apocalipsis 22:13

Santiago 1:17

Habacuc 2:3

Sobre la autora

Sobre la autora

Dorcas I. Crispín Cortés nació en Arecibo, Puerto Rico; y reside en Springfield, Massachusetts. Crispín Cortés comenzó a trabajar en la obra del Señor desde su niñez hasta hoy, colaborando con su iglesia, pastores, Iglesia Nueva Sinaí en los Cayucos —República Dominicana— y con varios ministerios en la Isla y fuera de ella. Entre ellos los ministerios de los evangelistas: Rev. William Noriega, Evang. Axel Reyes, Evang. José Villalobos, Evang. Fernando Vélez y el pastor, Rev. Ricardo Quintero. Es graduada de Bachillerato en Trabajo Social, *Magna Cum Laude*, y obtuvo el premio Dr. Ángel Juan de Caribbean University.

También ha colaborado con los Ministerios Musicales de Paquita Monge y Grupo Nehiel, de Puerto Rico; Jonás Jiménez, Katiuska y Carolina, de República Dominicana; y Roberto Sierra, de los Estados Unidos (U.S.A.). Actualmente persevera en la Iglesia Pentecostal El Sinaí, de los pastores Juan y Gladys Vera.

Notas

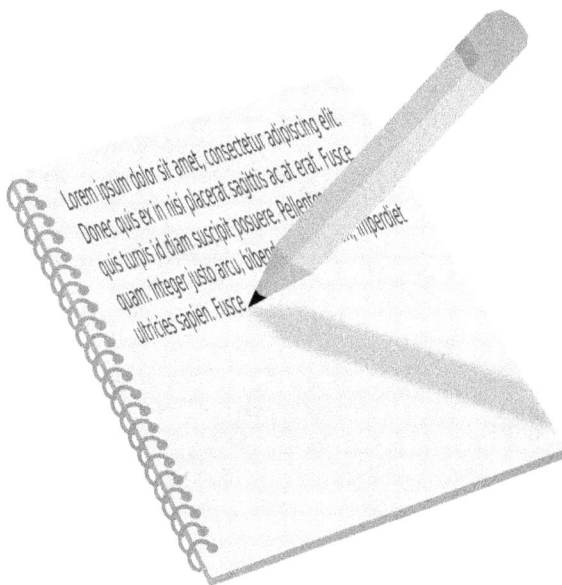

Notas

_____

_____

_____

_____

_____

_____

_____

_____

_____

_____

_____

_____

_____

_____

_____

_____

_____

_____

_____

_____

_____

_____

_____

_____

_____

EdicionesEleos

www.edicioneseleos.com